LOS PUEBLITOS ~ SMALL TOWNS

MARÍA L. VILLAGÓMEZ VICTORIA

Balboa Press books may be ordered through booksellers or by contacting:

Balboa Press
A Division of Hay House
1663 Liberty Drive
Bloomington, IN 47403
www.balboapress.com
1 (877) 407-4847

ISBN: 978-1-9822-2714-2 (sc)
ISBN: 978-1-9822-2715-9 (e)

Print information available on the last page.

Balboa Press rev. date: 07/12/2019

BALBOA
PRESS
A DIVISION OF HAY HOUSE

Dedication: This book is dedicated to my sisters, Angelica, Mari, Sylvia and Josie and to my son, John Michael.

Dedicatoria: Este libro es dicado a mis hermanas, Angelica, Mari, Sylvia y Josie y a mi hijo, Juan Miguel.

Los pueblitos son lugares pequeños, pero muy hermosos. Por las mañanas, los niños corren a la escuela con sus amiguitos para aprender los colores y los números.

Small towns are small but very beautiful places. In the morning, all the children run to school with their friends to learn the colors and the numbers.

Son lugares donde los niños
corren libres y donde se escucha
cantar a las golondrinas.

*They are places where children can run free
and where swallows can be heard singing.*

No hay muchas camionetas, ni hay muchos camiones. Solamente hay niños, flores, lluvia, sol y arcoíris.

There aren't many trucks or many buses. There are only kids, flowers, rain, sunshine and rainbows.

En los pueblitos hay vacas, caballos, gallinas, gallos, chivos y perritos que quieren ser tus amigos.

In small towns, there are cows, horses, chickens, roosters, goats and doggies who want to be your friends.

También hay pajaritos de todos los colores que cantan para ti porque quieren que siempre estés alegre.

There are also little birds of all colors who sing for you because they want you to always be happy.

En los pueblitos, hay muchos árboles que dan mucha sombra. Y hay plazas donde puedes caminar libremente y visitar con la gente del pueblo.

In small towns, there are many trees that give great shade. And there are plazas where you can walk freely and visit with others.

Los pueblitos son lugares felices. En las tardes, después de la comida, se escuchan las campanas de la iglesia que te llaman a misa.

Small towns are happy places. In the evening, after lunch, you can hear the church bells calling for mass.

Después de misa, todos van a dar la vuelta a la plaza para disfrutar del atardecer y ver a la gente pasar mientras los niños juegan con sus amiguitos.

After mass, everyone in the town goes to the plaza to enjoy the sunset and watch people walk by while the children play with their friends.

En las plazas puedes comprar raspados, fruta fresca, pan dulce y elotes. Son lugares para descansar de los quehaceres del día.

At the plaza, you can buy snow cones, fresh fruit, sweet bread and corn on the cob. They are places to rest from the daily chores.

Lo más bonito de los pueblitos es disfrutar de una vida simple, pero feliz. Puedes disfrutar las mariposas mientras corres tras ellas en la primavera.

One of the most beautiful things about small towns is the joy of living a simple but happy life. You can enjoy running after the butterflies in the spring.

En los pueblitos no hay mucho ruido ni contaminación. Pero sí hay mucho amor y hay muchas sonrisas para disfrutar.

Small towns are not very noisy places and there is little pollution. Small towns offer much love and many smiles to enjoy.

En los pueblitos conoces a tus vecinos y convives con ellos. La convivencia es bonita cuando compartes platillos deliciosos.

In small towns, you know your neighbors and you spend time with them. Spending time with others is nice when you share each other's tasty dishes.

Y tú, ¿has visitado un pueblito?
Quizás lo disfrutes. Su
magia es contagiosa.

And you, have you ever visited a
small town? You might enjoy it.
Their magic is contagious.

Printed in the United States
By Bookmasters